OBSERVATIONS

SUR UN RAPPORT

Fait à la Chambre des Pairs par M. le Baron Mounier,

AU NOM D'UNE COMMISSION SPÉCIALE.

(Cette Commission a été chargée d'examiner les *questions relatives à la compétence, à l'organisation et au mode de procéder de la Cour des Pairs*, le 18 juin 1836.)

CLERMONT-FERRAND,

DE L'IMPRIMERIE DE THIBAUD-LANDRIOT,

Imprimeur-Libraire, rue St-Genès, n° 8.

1836.

OBSERVATIONS

SUR UN RAPPORT

Fait à la Chambre des Pairs par M. le Baron Mounier,

AU NOM D'UNE COMMISSION SPÉCIALE.

PREMIÈRE PARTIE.

Il n'est pas difficile de voir que ce sujet tient aux principes de l'existence de la chambre des pairs, à tout l'ordre judiciaire, à quelques égards même, à la constitution de l'état.

Etait-il convenable, au moment présent, de mettre un tel sujet en discussion ?

D'un autre côté, en traitant des questions de cette importance, comme si c'était des questions nouvelles, la commission a-t-elle réussi à fixer d'une manière plus positive les principes qui en sont la base ? C'est ce que je me propose d'examiner.

Pendant l'assemblée constituante, la constitution d'une chambre des pairs avait été, comme on sait, l'objet de beaucoup de controverse. Je traitai alors ce sujet avec assez d'étendue, dans un écrit qui eut de la publicité.

Dans la suite, ce sujet avait été souvent discuté par mes amis politiques, MM. Bergasse, Malouet, Lally, Mallet du Pan.

Dès le premier moment de mon entrée à la chambre des pairs, mon attention se porta sur quelques défectuosités que j'avais cru apercevoir à ce sujet dans les deux chartes de 1814 et de 1830. Je me permis, en conséquence, d'énoncer les vues que mes anciennes méditations et ma longue expérience pouvaient me suggérer.

Un premier essai que j'avais cru devoir renfermer dans les limites d'un écrit particulier, fut accueilli par mes collègues. Il le fut aussi par le Journal des Débats, qui, sans aucune demande de ma part, s'empressa de l'enregistrer dans ses feuilles.

Je ne m'en suis pas tenu là ; j'ai renouvelé à plusieurs reprises la même tentative.

Emporté plutôt que traité dans nos diverses tourmentes politiques, ce qui concerne la constitution de la pairie n'avait jamais pu être considéré sous son véritable point de vue.

Je ne puis douter des bonnes intentions de Louis XVIII; je dois croire que s'il en avait été le maître, la constitution de la chambre des pairs, dont il s'occupa à Saint-Ouen, aurait été ce qu'elle devait être ; mais les événements tumultueux de 1814, lesquels se renouvelèrent en 1815, l'état des esprits et les ménagements auxquels ce prince se trouva obligé, ne laissèrent probablement pas une entière liberté à ses dispositions.

Vu la nature des temps et des événements qui accompagnèrent la révolution de 1830, on comprend que la constitution de la chambre des pairs eut encore moins, à cette époque, une amélioration à recevoir. Les défectuosités alors se sont aggravées. On pouvait prévoir que quelque jour les vices seraient aperçus, le sujet repris de nouveau ; mais il fallait pour cela des jours tranquilles et des dispositions calmes.

Nous n'en sommes pas là aujourd'hui. Ce n'est pas la force qui manque, c'est l'autorité. Il est manifeste qu'il n'y a pas généralement dans l'obéissance cette disposition volontaire et douce qui se produit de la conviction des esprits, et du respect que les classes livrées principalement aux besoins de la vie sont naturellement disposées à accorder à celles que le rang, l'éducation, les lumières ont placées dans une condition supérieure.

Dans cette situation qui frappe tous les observateurs, et dans laquelle les bons esprits cherchent une issue, la chambre des pairs, quand elle aura le caractère qu'elle doit avoir, est, selon moi, un grand moyen de réparation : cette élite des notabilités de la France peut être notre dernière espérance. Cette ressource méritait d'être aperçue ; étant aperçue, elle demandait, pour être traitée, de la prudence et du ménagement. Je ne saurais trop déplorer à cet égard des discussions inopportunes et anticipées.

C'est l'impression que me fait la révision qui a été l'objet du rapport présenté à la chambre. Cette révision devait-elle donner lieu, dans le sein de la chambre, à la formation d'une commission selon les règles observées pour ces formations? Je ne le crois pas. Elle a produit un projet de loi qui doit être soumis, dans les formes ordinaires, à la délibération des trois pouvoirs. Avec un tel ordre de procéder, il est à craindre que les difficultés existantes, au lieu de recevoir quelque amendement, ne rencontrent des difficultés nouvelles. Des questions de cette importance, lorsqu'elles ne sont agitées que dans des écrits particuliers, peuvent trouver peu d'opposition. Il peut n'y avoir alors ni jalousie, ni irritation; il n'en sera pas de même, lorsqu'un des premiers pouvoirs de l'état viendra solennellement se mettre en scène. Ce sera pis, si, convenant de ses défectuosités, ce corps vient avouer son insuffisance, s'accuser d'irrégularités qu'il aura été dans le cas de commettre, et demander en quelque sorte une indemnité pour le passé, en même temps qu'il implore un accroissement d'autorité pour l'avenir.

Frappé de ces considérations, aussitôt que la mesure dont il est question a été proposée, je me suis empressé d'en faire part à plusieurs de mes collègues. Je me suis même adressé directement à l'auteur de la proposition, M. le baron *Mounier*. Celui-ci ne me paraissant pas disposé à renoncer à la gloire de son projet, il me restait une ressource dans la commission. J'espérais lui faire comprendre mes inquiétudes, et franchement je ne doutais pas, attendu mes nombreux écrits sur cette matière, que j'en ferais partie.

Je me trompais; c'était absolument de l'éclat et de la publicité que je ne voulais pas; c'était au contraire pour des causes que je vais dire, de l'éclat et de la publicité qu'on voulait.

Il suffit de se souvenir de la position où se trouva la chambre, lors de la grande affaire d'avril. Engagée dans une procédure immense, où elle avait à traiter, d'un côté, de la disjonction qui lui était contestée, attendu le corps et la connexion de toutes les parties du délit, embarrassée, d'un autre côté, de l'obstination des prévenus, décidés à ne point reconnaître son autorité, et à ne répondre à aucun interrogatoire, (je ne veux pas le dissimuler), la chambre eut un moment d'hésitation. Grâce à la fermeté de M. le comte Portalis, de M. le comte Bastard et de M. Girod de l'Ain, elle se fit une voie, et passa outre.

A examiner l'affaire au fond, elle ne présentait pas, ce me semble, beaucoup de difficultés. Et d'abord, relativement à la disjonction, on ne conçoit pas que ce qui s'est pratiqué depuis long-temps en cas semblable, dans plusieurs cours royales, notamment, à ma connaissance, à la cour royale de Riom, pût paraître une difficulté à la cour des pairs, là surtout où l'inconvénient du grand nombre de prévenus s'aggravait du grand nombre de juges. Relativement au mutisme obstiné des prévenus, toute la France était à comprendre comment le refus de répondre, de la part d'un accusé, pouvait le faire absoudre ou le sauver d'un jugement.

Encore que ces considérations me parussent de toute évidence, comme elles avaient été l'objet de quelques dissentimens, ces dissentimens ayant fait une impression peu favorable dans le public, on est parvenu, ne fût-ce que comme moyen de justification, à obtenir de la chambre une commission dont le travail aurait à partir de ce premier point ;

Savoir qu'il n'y a eu jusqu'à présent rien de réglé positivement, relativement à la compétence de la chambre. La commission, à cet égard, a été explicite ; elle a énoncé, dans son rapport, comme son principal objet, *une loi qui va enfin régler la compétence de la chambre des pairs.*

Dans ce travail, elle a établi, comme second point, que le mode de procédure de la chambre n'est pas plus réglé que sa compétence. Les termes à cet égard sont encore positifs :

« Dans l'exercice de ses fonctions judi-
» ciaires, la chambre des pairs a été dirigée
» jusqu'ici, à travers de dangereux écueils,
» par une jurisprudence qu'ont formée ses
» propres décisions. Elle *consacrerait ou mo-*
» *difierait cette jurisprudence à la suite d'un*
» *examen approfondi.* »

Je n'ai point à dire jusqu'à quel point une

assertion semblable serait supportable dans un mémoire particulier ; mais dans un rapport fait au nom d'une commission nommée par la chambre, rapport destiné à une discussion solennelle et soumise au public, y a-t-on réfléchi ? Si la jurisprudence établie jusqu'à ce jour par les arrêts de la chambre *n'a pas été suffisamment approfondie*, que penser de tous ses arrêts ? Comment se plaindre des récriminations dont la cour serait l'objet, relativement à quelques-uns de ses jugements ? Je cherche ce qu'elle pourrait répondre aux fils du prince de la Moskova, lorsqu'ils viendront, le rapport à la main, demander la révision de ce fameux procès ?

J'aurai bientôt à examiner, à l'occasion de ce rapport, plusieurs questions extrêmement importantes, dont les unes ont été omises ou dissimulées à dessein, d'autres résolues indûment. En attendant, une chose me frappe principalement, c'est d'y voir mis en question et soumis à la délibération des trois pouvoirs, par là même à un jugement nouveau et de sa nature incertain, un ensemble de points de doctrine et de pratique qui me paraissent avoir été déjà réglés par la chambre, et formant pour elle aujourd'hui sa jurisprudence.

On a allégué le segment de l'article 28 de la charte, lequel renvoie à une loi, pour déterminer d'une manière plus précise les crimes et les attentats dont la connaissance est attribuée à la chambre. A cet égard, j'interpellerai la commission, et lui demanderai comment, instruite comme elle l'est de toutes les tentatives qui ont été faites, tentatives qui ont toujours été sans résultat, et qui finalement ont été abandonnées, elle n'a pas jugé à propos de nous rendre compte des motifs qui y ont fait renoncer? Si, à cet égard, elle avait rempli sa mission, peut-être aurions-nous vu se révéler l'inutilité de déterminer, par une nouvelle loi, des points de jurisprudence depuis long-temps fixés, soit par la pratique, soit par le code criminel, soit par nos récentes et dernières lois.

Relativement à quelques points de procédure qui pourraient offrir des difficultés, ces difficultés appartenant au régime particulier de la chambre, en quelque sorte à sa discipline intérieure, pouvaient, ce me semble, se débattre dans son sein d'une manière réglémentaire. L'idée de porter des détails de ce genre en discussion dans le public, ainsi que devant la chambre des députés, me paraît présenter des inconvénients graves.

Ces inconvénients n'ont pas tout à fait échappé à la commission. On va voir qu'elle s'est occupée à les prévenir ; seulement la solution qu'elle présente pourra paraître extraordinaire.

Après avoir affirmé que la loi doit donner aux formes de la cour des pairs la sanction et la solennité de la fixité, elle ajoute : « Néan- » moins, si, par quelque circonstance, la dé- » libération de la chambre des députés se » trouvait *ajournée*, lorsque le projet aurait » été adopté par la chambre des pairs, *ne* » *pourrait-elle pas* y puiser immédiatement » les règles qu'elle s'imposerait pour agir » comme cour de justice ? »

Je n'ai rien à dire sur la confiance que la chambre peut avoir dans ses droits et dans son propre pouvoir ; je trouve seulement que dans un rapport où on invoque la sanction de la chambre des députés, il était inutile de terminer ce rapport par une apparence de menace et de défi.

Dans cette première partie, je n'ai eu à m'occuper que des inconvenances de ce rapport. On va voir, par la citation suivante d'un des journaux de l'opposition, que je n'exagère rien à cet égard.

Après avoir rendu compte de l'embarras

que la cour des pairs était dans le cas d'éprouver relativement à l'affaire d'Alibaud, et avoir rappelé les *irrégularités*, quant au fond et quant à la forme, qui excitèrent dans le procès d'avril les scrupules de plusieurs pairs, et notamment de M. Mounier, le journal ajoute :

» Les indiscrétions qui divulguèrent alors
» les incidents des huis clos de la cour, apprirent au public que les questions de compétence et de procédure qui étaient décidées pour lui, étaient *agitées par les consciences timorées de la chambre*, ce qui n'empêcha pas la pairie de passer outre, et d'inventer, pour vaincre les difficultés nées de sa nature exceptionnelle, de sa position et de l'absence de loi, une foule de procédés nouveaux dans les habitudes judiciaires.
» Il est vrai que, depuis lors, la législation de septembre a essayé de donner à ses procédés une consécration pour ainsi dire rétroactive; mais on doit croire que tout cet ensemble de mesures n'a pas paru aux yeux de M. Mounier, porter un caractère légal fort sérieux, puisqu'il n'en a pas moins persisté à présenter sa proposition tendant à fixer la compétence et la procédure de la cour des pairs. Cette proposition, par

» suite de la fatalité extra-légale qui s'attache
» à la cour des pairs, sera encore inutile.
» *Cette commission doit fort regretter aujour-*
» *d'hui d'avoir mis si peu de ménagement* dans
» l'expression de son opinion sur l'incom-
» pétence constitutionnelle de la cour. » (*National* du 29 juin.)

J'ai dû exposer d'abord les inconvénients du projet et du rapport de la commission; j'ai à présent à examiner en principe ses vues particulières et ses dispositions.

SECONDE PARTIE.

En suivant le programme que la commission a mis en tête de son travail, trois choses paraissent avoir attiré son attention : l'organisation de la chambre, sa compétence, son mode de procéder.

En ce qui concerne l'organisation de la chambre, si cet article avait été traité SÉRIEUSEMENT, on s'attendrait à y voir comprendre le nombre de ses membres, ses grands officiers, tels que son président, son grand-référendaire, et aussi, comme dans les autres cours judiciaires, un ministère public.

De plus, il devait être question de la transformation réciproque de la cour en chambre, et de la chambre en cour, et aussi de ce qu'elle peut avoir, comme cour judiciaire, de fixité et de permanence.

Nous examinerons d'abord ces questions en principe.

Relativement au nombre des membres de la chambre des pairs, comme la nomination a été laissée par la Charte à la discrétion du

Roi, ce nombre a dû rester flottant pendant quelque temps, entre l'effet de cette prérogative et ceux de l'hérédité.

Depuis l'abolition de l'hérédité, cette circonstance donne ouverture à des casualités singulières. Si un roi négligeait de nommer, ou s'il nommait d'une manière désordonnée, la chambre des pairs pourrait périr, dans un cas, par défaut de membres; dans un autre cas, par excès. Avec l'hérédité, on est sûr d'avoir toujours un corps vivant. La pairie n'est plus seulement une faveur, une récompense gouvernementale, un véhicule pour faire ou défaire des majorités; elle forme une corporation fixe, dans laquelle l'influence de la couronne peut entrer pour quelque chose, mais qui, au fond, se conserve par elle-même et se perpétue.

Ce premier point n'a point occupé la commission.

Les grands officiers de la chambre, tels que le président et le grand-référendaire, ne l'ont point occupée davantage.

En Angleterre, l'office de président de la chambre des lords est attaché à celui de haut chancelier (high chancelor). Louis XVIII paraît avoir voulu l'attacher à l'ancien office de *chancelier de France*. Au moment présent, la présidence de la chambre des pairs n'est point, ainsi que celle de la chambre des députés, nommée par la chambre. Ce n'est pas même une charge comme celle de l'ancien premier président du parlement de Paris; c'est tout simplement une commission royale, ayant à subir le caractère de dépendance qui appartient à une telle situation.

En ce qui concerne le ministère public, la commission en a reconnu l'utilité auprès de la cour, ainsi que dans les cours ordinaires. Cet office ayant demeuré jusqu'à présent dans le vague, la commission s'est proposé de l'attacher désormais d'une manière fixe à celui du procureur-général de la résidence. Elle a écarté l'idée de placer auprès de la cour des pairs un ministère public qui lui appartînt; elle a craint, « qu'investi d'un » pouvoir considérable, il ne fût tenté, *d'après* » *la pente naturelle de l'esprit humain*, de re- « chercher, d'informer, de poursuivre, afin » d'exercer ce pouvoir. Il en résulterait que » les fonctions judiciaires de la chambre » pourraient prendre beaucoup d'extension:» ce qui, dans son opinion, serait dénaturer l'institution de la pairie, qu'elle regarde comme étant principalement un pouvoir législatif.

J'espère avoir ultérieurement à discuter ces considérations.

Pour ce qui est de la disposition relative à un procureur-général de la résidence, attaché en même temps à la cour, je puis croire qu'on n'a pas assez réfléchi à ce qu'il y a d'inconvénient dans cette disposition. Il est facile de prévoir ce qu'offrira quelquefois d'irrégulier et de gauche, une mission accidentelle et purement temporaire, auprès d'une cour dont les procédés sont autres et les formes étrangères.

Une raison qui a paru péremptoire à la commission, c'est qu'il ne doit point y avoir de ministère public permanent auprès d'une cour qui, par sa nature, n'est point permanente.

Ceci, comme on voit, est une décision contre la permanence de la cour. Cette décision est grave. Si elle était motivée sur l'inconvénient de tenir en permanence une cour composée de plus de deux cents membres, dont un grand nombre est dans le cas de cumuler, avec la pairie, diverses fonctions administratives, militaires et judiciaires, j'en comprendrais le sens; mais la motiver uniquement, comme on le fait, sur la prééminence des fonctions législatives, et sur le danger d'affaiblir cette prééminence, regarder comme un malheur l'extension que pourrait prendre le pouvoir judiciaire de la chambre, c'est à quoi je ne puis accorder mon adhésion.

Sous tous les rapports, cette question qui n'a pas même été effleurée, présente une grande importance ; elle méritait d'être approfondie.

Dans un temps imprégné de révolution, où les passions usant immodérément de la liberté qui leur a été donnée, négligent comme vulgaires les intérêts de second ordre, pour se jeter avec véhémence sur les intérêts d'état ; dans un temps où plusieurs partis déclarés ne dissimulent pas, ceux-ci, qu'ils veulent à la tête des choses une autre dynastie, ceux-là qu'ils n'en veulent pas du tout, mais seulement telle ou telle forme de république ; dans un temps où un désir effréné d'égalité, répandu dans toutes les classes, s'efforce à ce qu'il n'y ait plus de classes, et mieux encore, à ce qu'il n'y ait plus de supériorité, on peut prévoir qu'il y aura, contre l'état actuel des choses, permanence dans les attaques ; comment éviter d'en mettre de même dans les moyens de défense ? Il faut bien absolument qu'il y ait, dans la force de répression, la stabilité et l'énergie qui existent dans les moyens de subversion.

Poursuivons.

Vous ne voulez pas de tribunal permanent. Que fera le pouvoir, lorsque, dans l'absence des sessions, il s'élèvera inopinément un grand attentat ? Convoquera-t-il aussitôt de toutes les parties de la France, à l'est, à l'ouest, au midi, au nord, sur les rives de la Méditerranée, en même temps que sur celles de l'Océan, les membres de la pairie absents et dispersés ? Quel moyen aura-t-on pour les réunir et les faire arriver ?

Vous ne voulez pas de tribunal permanent. Cela suppose en principe que, hors le temps des convocations, vous regardez les fonctions judiciaires de la pairie comme effacées. Cependant, prenez-y garde : voilà que, par plusieurs de vos articles, vous supposez en permanence, comme juge, le président même de la chambre.

Art. 8. « Si un crime est commis par un pair, la dénonciation ou la plainte doit être adressée au président de la chambre des pairs. »

Art. 10. « Dans l'intervalle des sessions, le président peut décerner contre un pair inculpé les mandats d'amener ou de dépôt qu'il jugera nécessaires. »

Art. 11. « Le président peut, en outre, faire tout acte nécessaire pour recueillir les indices et les preuves des crimes imputés au pair inculpé. »

Ces dispositions ne sont pas énoncées légèrement. Elles sont répétées et confirmées au titre 3, article 112. Le rapporteur y tient si bien, qu'il cite à la chambre sa résolution, en date du 4 décembre 1830, par laquelle le président, assisté de quatre pairs, peut accorder, dans l'intervalle des sessions, l'autorisation d'arrêter un membre de la pairie, contre lequel il existerait un jugement de contrainte par corps : « résolution telle, sui-
» vant lui, que, de fait, elle peut priver le
» pair de la liberté pour plusieurs années,
» sans que la chambre soit appelée à en con-
» naître et à exprimer son opinion. »

Sans m'arrêter à discuter ici ce qui concerne les prérogatives de la chambre, je puis m'étonner que, dans une chambre qui n'existe plus ni comme corps législatif, ni comme cour judiciaire, le président de cette chambre soit autorisé, sans même l'assistance d'un procureur-général, à faire arrêter, emprisonner.... Qui? Sera-ce un auteur d'attentat? non ; il est à cet égard sans action et sans capacité. Ce sera un de ses collègues à l'égard duquel, même dans une affaire civile, il décernera à sa volonté des mandats d'arrêt ou de dépôt, procédant ensuite envers lui, de sa propre autorité, à des informations, des instructions.

Ici, si on oppose au rapporteur l'article de la Charte, par lequel *aucun pair ne peut être arrêté que de l'autorité de la chambre,* il vous répond que, dans ce cas, c'est au nom de la chambre que le président agirait, et qu'il n'userait que de l'autorité qui lui aurait été déléguée; ce qui rappelle la décision d'Ulpien et des jurisconsultes romains, qui, pour justifier le despotisme de Tibère, disaient qu'il l'avait *reçu par délégation de la souveraineté du peuple.*

Pour ce qui est de la résolution de 1830, que le rapporteur invoque comme *précédent,* si on voulait en faire une autorité, j'aurais à remarquer l'époque d'envie et d'hostilité populaire où cette résolution a été prononcée. On comprend comment, dans un cas particulier, lorsque l'esprit public était extrêmement animé, la chambre a trouvé prudent de fléchir et de céder. Revenir au moment présent sur une telle disposition, vouloir en faire ressortir une règle générale, me paraît dangereux et peu convenable.

Je passe à la compétence.

Il faut que cette question soit bien ardue et bien compliquée, car je vois, dans toutes les affaires, la chambre y revenir jusqu'à trois fois. « La cour, dit le rapporteur, statue
» deux fois; la première, si elle ordonnera
» ou si elle n'ordonnera pas d'instruire; la
» seconde, après avoir entendu le rapport
» de l'instruction, elle examine s'il y a lieu
» de se déclarer compétente; enfin, elle de-
» vra statuer une troisième fois, si des ob-
» jections contre la compétence s'élevaient
» dans le cours des débats. »

Ces difficultés paraissent avoir leur origine dans le segment de l'article 28 de la charte, qui, après avoir énoncé que la chambre *connaîtra des crimes de haute trahison et des attentats contre la sûreté de l'état*, ajoute que ces *crimes et ces attentats seront définis par une loi*.

Pour bien juger de cette disposition, il faut en connaître l'esprit; il faut connaître aussi les circonstances dans lesquelles elle a été apportée.

Dès le premier moment, la chambre des pairs s'est empressée de réclamer auprès des deux autres pouvoirs son exécution. Ses démarches, à cet égard, ont commencé le 9 décembre 1815; elles se sont poursuivies ensuite jusqu'en 1833. Ce n'est pas tout. De semblables tentatives ont eu lieu de la part du gouvernement lui-même, ainsi que de la part de la chambre des députés. Il est connu que, soit les unes, soit les autres, ont été sans résultat.

La commission ne s'est point occupée de cette particularité. Avec un peu d'attention elle pouvait voir que si, au premier abord, cette clause restrictive avait paru nécessaire, avec le temps et une mûre réflexion il n'en avait pas été de même.

Certes, il y a dans la vie des peuples trop d'exemples des dispositions du pouvoir, à s'étendre hors de ce qui compose son enceinte, pour qu'il ne puisse s'élever facilement, à son égard, des inquiétudes. Dans le principe, qu'une précaution ait été prise dans l'intérêt de la magistrature, par la crainte de se voir dépouillée d'une trop grande partie de sa juridiction, dans l'intérêt de la chambre des députés, par la crainte de voir la pairie prendre une trop grande importance; de la part même de la chambre des pairs, par la crainte de la surabondance des affaires; c'est ce que je puis supposer sans avoir besoin, pour le moment, de le déterminer. Ce que j'ai à dire, c'est que, dans cette situation, la chambre des pairs, que les événements ont amené à diverses reprises à demander des interprétations, n'a cessé, autant qu'il était en elle, de les provoquer. Après avoir fait, depuis le commencement des choses, toutes les démarches nécessaires pour obtenir une loi qu'elle n'a pu obtenir, on peut penser que ses devoirs, à cet égard, ont été remplis.

Cependant, qu'est-il arrivé? C'est qu'au défaut de loi, le gouvernement a jugé à propos de se substituer lui-même à la loi. Les délits survenant, il n'a vu aucune difficulté à les renvoyer, soit à la chambre, soit aux tribunaux, selon que cela lui convenait. Le désordre, à cet égard, a été porté au point, que les attentats les plus directs, non-seulement contre l'état, mais contre la personne royale, ont été sans autre façon enlevés à la chambre, et portés à la cour royale de Paris. Je n'ai pas besoin de citer, à cet égard, des exemples, ils sont connus. De cette manière, la pairie se trouvait dans l'attitude d'une simple commission qu'on investit ou qu'on n'investit pas, selon *le bon plaisir*. On comprend que dans cette situation, qui n'était pas supportable, la cour ait voulu, non-seulement recevoir, mais s'appliquer de sa propre autorité la connaissance des délits qu'il plaisait à une autre autorité de lui déférer.

De là est résulté l'usage de prononcer à chaque fois et plusieurs fois sur sa compétence.

De là est résulté aussi une jurisprudence qui a paru établie.

Je puis citer, à cet égard, l'autorité même de la commission.

La chambre, dit-elle, a reconnu en principe *que toutes les fois qu'un attentat lui serait déféré, elle jugerait, d'après la nature et les circonstances du fait, s'il rentrait dans sa compétence.*

Un tribunal qui est amené à juger seul et en dernier ressort, si une affaire lui convient ; qui s'en saisit ou s'en dessaisit à sa seule volonté, semble n'avoir pas besoin, à cet égard, de l'interprétation d'une loi : ses jugements sont la loi même.

La jurisprudence ainsi formée s'est trouvée étayée en outre par la nature des choses. C'est ce que la commission a reconnu en principe.

« La juridiction de la chambre, dit-elle,
» est déterminée de deux manières. 1°. Lors-
» qu'un attentat est commis contre la per-

» sonne du roi ou contre un membre de
» la famille royale; 2°. toutes les fois qu'un
» des crimes mentionnés dans la loi serait
» commis par une des personnes dont elle
» donne la nomenclature; dans le premier
» cas, c'est la nature même du crime qui
» détermine la compétence : la chambre des
» pairs est compétente à raison de la ma-
» tière; dans le second cas, la chambre est
» compétente à raison de la personne. »

Ailleurs la doctrine de la commission n'est pas moins explicite.

« La charte, dit-elle, indique énergique-
» ment, dans le choix même des expressions,
» que l'invocation de l'autorité de la cham-
» bre a pour objet spécial *ces crimes éclatants*
» que le nom *d'attentat* signale à l'horreur
» des peuples, ou ces actes de trahison par
» lesquels un citoyen tourne contre sa patrie
» le pouvoir qui lui est confié. »

C'est très-bien. Cependant, si les crimes sont *éclatants*, si le nom seul *d'attentat* les signale à l'horreur des peuples, on comprend comment on a pu croire inutile de recourir, pour plus de précision, à une nouvelle loi.

La commission fait, il est vrai, une distinction entre la compétence positive et la compétence facultative; mais peu importe.

Positive ou facultative, la compétence ne change pas de nature : la commission nous l'enseigne elle-même.

Dans les attributions de la chambre, elle comprend « les complots et machinations que » les tribunaux ordinaires ne *peuvent réprimer*. « Elle rappelle à ce sujet l'exemple de l'An- » gleterre, qui, dans ce cas, a recours à » son parlement. » Elle rappelle aussi la constitution de 1791, qui les déférait à la haute cour impériale. Elle juge d'après cela, « que des machinations qui couvriraient une » partie du royaume, qui enlaceraient de » nombreux fauteurs d'un projet criminel, » pourraient n'être pas toujours portées uti- » lement devant les tribunaux, qui distri- » buent la justice dans le cours général des » circonstances. » Elle en conclut, « que » c'est devant un grand corps d'hommes qui, » parvenus à la sommité de la carrière publi- » que, qu'il faut espérer trouver un tribunal » convenable. »

Avec des concessions aussi précises et des principes aussi clairs, on doit croire, d'après la commission elle-même, qu'il n'y a plus lieu à une interprétation de l'article 28 de la charte. Cet article présenterait alors le même sens qu'un acte diplomatique, par lequel une puissance, cédant à une autre puissance un territoire désigné, énoncerait par surabondance de précaution une plantation de bornes. Dans la suite, lorsque par la pratique, ainsi que par la nature des lieux, les confins du territoire auraient été suffisamment déterminés, on abandonnerait comme superflue la délimitation stipulée.

C'est ce qui est arrivé au sujet de l'article 28 de la charte :

La commission d'abord était entrée dans ces vues ; elle a jugé à propos ensuite de les abandonner.

Après avoir énoncé les règles de compétence que je viens de rapporter, elle est revenue sur la latitude qu'elle craignait d'avoir laisée.

« Serait-ce à dire que la chambre des pairs
» devrait connaître de tous les attentats contre
» la sûreté de l'état ? » Elle répond : « Non
» certainement. La charte elle-même ne l'a
» point voulu ; elle a entendu que la cham-
» bre jugerait *certains attentats déterminés*
» *par la loi.* »

D'autres motifs ont été allégués.

Le premier, c'est la crainte d'altérer en quelque chose la prééminence du pouvoir législatif de la chambre. « La loi, dit la com-

» mission, a dû prendre des précautions
» pour prévenir les abus qu'on pouvait faire
» du droit de transformer la chambre en
» cour de justice; elle a craint que transfor-
» mée en cour de justice, elle n'étouffât son
» action législative sous le poids des procès.
» Il faut craindre, dit-elle encore, que si sou-
» vent appelée en cour judiciaire, elle ne
» fût détournée de sa *principale mission*, celle
» de concourir à l'action du pouvoir légis-
» latif. »

Un motif plus déterminant encore se révèle dans le trait suivant :

« Messieurs, vous ne vous proposez point
» d'étendre l'action de votre pouvoir. Vous
» vous proposez de le renfermer dans des li-
» mites fixées et proclamées par la loi. Vous
» obéissez à la charte quand vous jugez, et
» vous ne demandez pas que le nombre des
» coups qui dépendent de votre justice soit
» accru. Vous êtes jaloux de votre devoir ;
» vous ne l'êtes pas de votre autorité. »

On jugera comme on voudra cette ostentation de désintéressement et de modestie. Je crois seulement qu'il n'est pas besoin d'épître dédicatoire, pour être convaincu que tout cela s'adresse à de petites jalousies qu'on veut calmer ; le gouvernement, la chambre des députés, la magistrature, voilà ce qu'on a en vue.

Selon moi, c'est se tromper que de s'occuper ainsi de quelques faiblesses. D'abord, c'est les mettre en lumière, quand presque toujours, si elles existent, elles voudraient n'être pas aperçues. Il est plus noble, je dirai même plus habile, de croire à la loyauté et à la générosité.

Les erreurs de la commission sur la nature du pouvoir judiciaire de la pairie, portent sur d'autres points qui me paraissent plus graves. Je remarquerai d'abord qu'elle se trompe sur l'état de la France, si elle pense que les attentats et les complots y soient une chose tellement accidentelle et exceptionnelle, que le tribunal destiné à leur répression doive s'y montrer accidentel aussi, et exceptionnel.

Je remarquerai qu'elle se trompe de même, si elle croit que, dans aucuns cas, le pouvoir judiciaire puisse nuire à l'exercice du pouvoir législatif; j'ai lieu de penser au contraire qu'il l'appuie et le fortifie. Bien plus, en examinant cette question dans son principe, on pourra se convaincre que ce n'est pas le pouvoir judiciaire qui dérive comme accessoire du pouvoir législatif, c'est au contraire le pouvoir législatif qui a son origine dans le pouvoir judiciaire.

Dans une troisième partie, je traiterai ce point plus à fond. Je montrerai alors que ce n'est pas parce que la pairie est pouvoir législatif, qu'elle devient pouvoir judiciaire ; c'est au contraire parce qu'elle est, par sa nature, pouvoir judiciaire, qu'elle est amenée à devenir pouvoir législatif.

Relativement à la permanence qu'on paraît redouter, je ne dissimule pas que dans l'état présent des choses, un pouvoir judiciaire, exercé d'une manière habituelle, pourrait se trouver embarrassé d'un trop grand nombre de juges. C'est sûrement une difficulté ; mais cette difficulté, au lieu de l'opposer comme obstacle, il faut la vaincre : il faut examiner ce qui s'est pratiqué dans d'autres pays, ainsi que dans d'autres cours judiciaires ; examiner surtout l'état actuel de la France, qui exige impérieusement une haute cour permanente ; et ne regarder jamais comme impossible ce qui est utile et nécessaire.

Il me reste quelques observations à faire sur les vues que la commission a présentées relativement au mode de procédure. On va voir encore à cet égard des erreurs et surtout des contradictions.

L'observation suivante avait été faite à la commission :

« Est-il nécessaire de surcharger la loi que
» la chambre doit voter, de nombreux arti-
» cles copiés du Code d'instruction crimi-
» nelle? Ne suffit-il pas de déclarer d'une
» manière générale que la cour des pairs se
» conformera à ce mode, toutes les fois qu'il
» n'existera pas une disposition contraire? »

Cette observation me paraît juste ; et en ce qui me concerne, je ne puis qu'y adhérer. La commission est d'un avis contraire; elle n'a pas cru, dit-elle, qu'elle pût accéder à une proposition, qui aurait facilité son travail, et épargné les moments de la chambre.

« Elle a considéré qu'il ne doit y avoir rien
» de vague, d'incertain dans les formes de la
» procédure criminelle. Les formes sont la
» garantie de l'innocence, comme elles sont
» celles de la vindicte publique : la loi la plus
» juste deviendrait funeste, si des formalités
» sagement calculées ne préservaient pas des
» erreurs de son application. »

Je n'ai rien à dire contre cette doctrine, si on ne veut l'appliquer qu'aux cas ordinaires, et aux cours ordinaires ; mais dans le cas et dans les délits extraordinaires, peut-elle avoir la même application? C'est ce que la commission, qui d'abord avait proclamé ces règles comme absolues et positives, a été forcée de reconnaître.

« Si, dans certaines parties de la procé-
» dure, les dispositions du Code d'instruction
» criminelle sont généralement applicables à
» la cour des pairs, il en est d'autres qui ne
» sauraient s'adapter *à la constitution toute
» particulière de notre tribunal.* »

Je n'ai rien à opposer à ces réflexions; elles sont justes. Je remarquerai seulement ce qu'il y a de singulier dans cette partie du rapport. Ici, la chambre des pairs se reconnaît soumise aux lois ordinaires; là, au contraire, attendu sa *constitution particulière*, elle se regarde comme au-dessus et indépendante de ces lois.

A cet égard même, la commission ne résout aucune difficulté. Qu'adviendra-t-il si la chambre des députés, à laquelle ces dispositions doivent être soumises, n'aperçoit pas de la même manière la *constitution toute particulière de la pairie*, et qu'alors elle rejette les exceptions qu'elle veut faire, et les repousse dans le droit commun?

C'est ici que se produit, en manière de solution, la disposition que j'ai mentionnée précédemment, relativement à une résistance supposée de la chambre des députés.

« Sans doute la loi doit donner aux formes
» de la cour des pairs la sanction de la solen-
» nité et de la fixité. *Néanmoins*, si, par quel-
» ques circonstances, la délibération de la
» chambre des députés se trouvait *ajournée*,
» lorsque le projet aurait été adopté par la
» chambre des pairs, ne *pourrait-elle pas* y
» puiser immédiatement les règles qu'elle
» s'imposerait pour agir comme cour de jus-
» tice? Ce serait, relativement à la cour, ce
» que sont relativement aux deux chambres
» leurs règlements intérieurs. »

Je ne conteste pas que, dans ce dernier trait, il n'y ait un retour aux principes. Seulement il ne fallait pas, comme à regret, en faire l'application à un cas particulier. Il fallait partir d'une règle générale, reconnaître cette règle comme applicable dans tous les cas qui en seraient susceptibles ; surtout il était inutile de la proclamer comme une espèce de défi à l'autre chambre. Pendant des siècles, la France coutumière a vécu sous les dispositions du droit romain qu'elle reconnaissait comme raison écrite, encore qu'elle ne le reconnût pas comme loi. De même les dispositions du Code d'instruction criminelle obtiendront toujours, comme raison écrite, le respect et la soumission de la chambre, toutes les fois que des circonstances particulières à sa constitution et à la nature des crimes d'état n'en détourneront pas l'application.

Tels devaient être sur ce point la doctrine et l'esprit de la commission.

TROISIÈME PARTIE.

D'après les considérations qui ont été exposées dans ces deux premières parties, la question de la pairie, de son organisation et de ses fonctions, pouvait paraître susceptible d'un nouvel examen ; cet examen fait dans un temps opportun, pouvait lui-même donner lieu à une révision et à quelques amendemens. Dans aucun temps, encore moins au temps présent, un tel examen ne devait être livré d'emblée à la publicité, soumis ainsi à la sanction des journaux, et balloté dans les chambres au milieu des flots toujours incertains de telle ou de telle majorité. Ce sujet immense par son étendue, en ce qu'il tient par ses annexes, je ne dirai pas seulement à la constitution écrite, mais à la vie même de l'état, méritait d'être traité particulièrement, sous les ordres du roi, entre un petit nombre de personnes familiarisées avec les grandes méditations politiques, lesquelles auraient, avant tout, pris en considération l'état actuel et particulier de la France.

C'est à cet état que je suis forcé de porter d'abord mon attention. Je le ferai sans me laisser détourner par ceux qui crient à l'*utopie*, aussitôt qu'on veut entrer dans des considérations générales : braves gens qui se trouvent heureux de vivre au jour le jour, sans aucun souci de l'avenir. Je prie, s'il est possible, sur une matière aussi difficile, qu'on m'accorde un peu d'attention ; pour de l'indulgence, je n'en demande pas, bien sûr de n'en pas obtenir.

Je ne nie pas que notre état politique actuel n'ait une belle apparence. S'il ne faut qu'un brillant coloris pour faire la solidité d'un édifice, on n'a rien à désirer. En y regardant de plus près, on remarquera, entre autres défectuosités, la désagrégation de toutes ses parties intérieures ; situation qui s'aggrave par la propension des personnages les plus importants ; les uns, à conserver comme un avantage social cette désagrégation ; les autres, à l'augmenter et à l'empirer.

Quelle que soit l'autorité de ces personnages, il est dans ma conscience de dire qu'un tel état n'est pas tenable.

Cet état une fois exposé, j'aurai à parler des principes réparateurs, et j'en marquerai l'application ; j'arriverai ainsi à la constitution même de la pairie, à la nature de son pouvoir judiciaire, attribution qu'on doit regarder comme son premier caractère ; si bien que ses fonctions législatives que la commission place toujours en première ligne, n'en sont au contraire qu'une émanation et une conséquence.

A commencer par l'état politique actuel de la France, quelque opinion qu'on en veuille avoir, on ne peut s'empêcher de reconnaître qu'une grande et première condition d'existence lui manque, ainsi qu'à ses institutions : c'est le temps.

Quand Dieu a mis l'homme sur la terre, il a commencé sa vie par l'enfance, état qui, ayant un présent, et devant soi un avenir, se trouve dépourvu d'un passé, ce qui constitue sa faiblesse.

Dans la mythologie ancienne, le temps était le premier des dieux ; dans l'ordre moral, le temps est la première des forces.

S'il ne faut considérer dans l'état de la France que le moment présent, je conviendrai que de belles choses se font ; elles me représentent les arbres récemment plantés par M. le préfet de la Seine. Ces arbres ont bien pris, ils montrent de la vigueur ; ils ont de belles feuilles, mais ils n'ont encore, ni dans leurs rameaux, ni dans leurs racines, le volume et l'extension qu'ils auront un jour.

Tel est le caractère de l'état de la France, c'est que tout y est *à nouveau*; il y a de belles institutions, mais elles sont dans l'enfance; il y a un roi excellent, cela ne veut pas dire qu'il y ait une royauté; il y a un monarque qui va de pair avec les plus grands monarques de l'Europe, cela ne veut pas dire qu'il y ait une monarchie. Il y a aussi un peuple, si on veut appeler ainsi une agrégation de plus de trente millions d'individus, parlant la même langue, habitant le même territoire; mais ce peuple n'a conservé, des temps anciens, que son langage et son sol. Cet assemblage sera peuple un jour; il ne l'est pas aujourd'hui dans le sens qu'on doit attacher à ce mot.

Si on veut donner le nom de *Seine* aux flots qui coulent en ce moment sous nos yeux, en faisant abstraction de ceux qui se succédant sans cesse, prennent leur source dans les montagnes de la Bourgogne et du Morvan, on peut, de même, appeler peuple la France d'aujourd'hui, encore qu'elle n'ait aucune connexion avec la France des temps anciens, pas même avec celle de Louis XIV.

Ce qui manque à la France, c'est le temps ; il y a autre chose aussi qui lui manque, c'est la connexion dans ses parties.

A la suite de la grande démolition de 1789, opérée, comme on sait, en faveur de la liberté et de l'égalité, la liberté ayant été entendue comme une négation de toute autorité, l'égalité ayant été entendue comme une négation de toute supériorité, les personnes se sont trouvées sans connexion entre elles de la même manière que les temps. Tout ainsi qu'il y a eu un peuple du temps présent sans connexion avec le peuple du temps passé, il y a eu, sous le nom de peuple, trente millions d'individus qui ont mis leur bonheur et leur honneur à n'avoir aucune connexion entre eux.

Cette désagrégation générale a produit l'absence de toute force morale ; un sol matériel est devenu toute la patrie.

Telle est la situation qui, établie d'abord par la dissolution de la société en 1789, a cherché ensuite à s'ériger en principe, et a amené systématiquement l'état social le plus irrégulier et le plus ingouvernable.

C'est dans cette situation que Louis-Philippe s'est placé.

Communément, la personne appelée *roi*

se confond avec la royauté. Dans ce cas, le roi vit ou il meurt; il est fort ou il est faible. La royauté, elle, ne meurt pas, elle ne varie pas. Quelquefois, sans doute, le roi peut n'être qu'un simple individu, cela se voit comme au temps de Bonaparte, quand le roi est, ou se fait le premier de sa dynastie. Je ne cite pas Hugues Capet; il était déjà par lui-même et par sa race duc de France; dignité qui approchait de celle de roi.

Dans de telles circonstances, comme elles sont accompagnées de grands dangers, il y a aussi de grandes précautions à prendre.

Pour ce qui concerne Bonaparte, ce n'est pas un homme comme lui qui pouvait se méprendre sur sa position. Il ne se contente pas à deux reprises de l'élection qu'il reçoit en forme régulière, soit pour l'empire, soit pour le consulat à vie; il fait venir le pape de Rome, et ajoute la consécration religieuse à la consécration civile et politique.

Cela ne lui suffit pas. Il entoure son trône d'une multitude d'autres trônes qu'il distribue à sa famille. La France elle-même est façonnée pour ce plan. Il s'empare de tout le mouvement des affaires, au moyen de son Code civil; il s'empare aussi de toutes les illustrations, au moyen de ses majorats, de ses titres de noblesse et de sa légion d'honneur.

Tout cela, avec des armées et des trésors immenses, devait se trouver insuffisant, s'il survenait des revers : les revers sont survenus.

Avec plus d'avantage, la restauration qui lui succède n'est pas plus assurée. Au premier abord, elle a soin, par une déclaration solennelle, de se rattacher *à la chaîne des temps,* dont elle connaissait l'importance. Elle y ajoute le don d'une constitution nouvelle qui devait assurer la liberté politique, objet de tous les vœux ; avec ces appuis, elle vit pendant quelque temps. Tracassée ensuite par les factions, et finalement amenée à appeler à son aide l'intervention des prêtres et des pratiques religieuses, elle succombe. Louis-Philippe lui succède.

Le prince qui est aujourd'hui à la tête de la France, est certainement un des hommes les plus remarquables par l'élévation du talent et de l'intelligence. Que gloire et bonheur soient à jamais à un tel prince! Toutefois, quelque puissant que soit l'homme qui est à la tête d'une nation, fît-il des miracles, il faut à l'action de sa puissance des instruments façonnés pour l'exercer et la distribuer. Dans l'ordre actuel des choses (ordre qu'il faut accepter, et qu'il serait aussi inutile que dangereux de contrarier), je cherche les instruments que peut employer la royauté. Ne pouvant ou ne voulant pas se rattacher, par droit de succession, aux individualités royales précédentes, non plus qu'aux mœurs, aux lois, aux institutions des temps anciens, comprend-on bien ce qu'il y a de difficulté dans une position improvisée ainsi et toute nouvelle ?

Il ne faut pas se le dissimuler, la royauté d'aujourd'hui n'a plus, comme celle de Bonaparte, à appeler le pape de Rome; elle ne peut recourir ni à la solennité du sacre, ni à celle d'une nouvelle transaction religieuse sous le nom de concordat; elle n'a pas à se prévaloir d'un nouveau code de lois, ni d'une nouvelle institution de noblesse sous le nom de légion d'honneur; enfin, elle n'a point, comme Bonaparte, à couvrir la France de gloire et de triomphes militaires, ni à mettre tous les trônes de l'Europe en pièces, afin de les distribuer à ses partisans.

Dans l'individualité à laquelle elle s'est réduite, n'ayant plus les grands moyens de Bonaparte, elle n'a pas non plus, du moins au même degré, les moyens de la restauration. Elle ne pourrait pas, comme celle-ci a tâché de le faire, se rattacher à la chaîne des *temps*, chaîne que la révolution de 1789 avait brisée, que Louis XVIII n'a pu complétement ressouder, et que la révolution de 1830 a encore, autant qu'elle a pu, brisée de nouveau. Elle ne peut ou ne veut point se prévaloir de la longue succession des rois de sa race, ni poser comme elle en principe la non-existence des temps révolutionnaires, en faisant abstraction des événements qui en sont ressortis. Enfin, la royauté d'aujourd'hui n'a point à appeler à elle, comme la restauration, d'une manière précise, l'intervention religieuse et sacerdotale, ainsi que la solennité des rites religieux.

Avec beaucoup de talent, mais privée de beaucoup d'appuis, sa marche de tout point est devenue tâtonneuse et timide. Elle est réduite à traiter avec la puissance religieuse et sacerdotale, non pas pour s'en faire un appui, mais seulement pour l'empêcher d'être hostile; il en est de même avec les débris de l'ancienne noblesse et de la restauration; de même avec les états et les puissances de l'Europe. Partout ce sont moins des amis qu'on invoque que des ennemis qu'on écarte.

Cette position qui est déjà faible, j'ai vu des ministres malavisés s'occuper à l'affaiblir encore; tantôt en invoquant, sous je ne sais quel prétexte de popularité, le funeste dogme de la souveraineté du peuple, tantôt en s'efforçant de rattacher le gouvernement comme produit d'une révolution, aux révolutions précédentes qu'ils se sont mis à exalter et à célébrer.

Pressé par deux partis, l'un ayant une grande force morale (le parti des choses anciennes), l'autre une grande force de nombre (le parti révolutionnaire), l'un et l'autre acharnés à sa perte, le nouveau gouvernement, en voulant s'occuper de la conservation des choses, a dû, avant tout, s'occuper de la sienne.

Dans ce parti même il a rencontré des dangers. Obligé à favoriser les principes de la révolution qui l'a élevé, toutes ses mesures en ont pris la couleur. Il a été conduit ainsi à donner à la liberté des publications une extension exagérée. De plus, il a introduit, dans la poursuite des délits de la presse, l'intervention du jury, et affaibli de cette manière ce que l'ancien ordre judiciaire avait eu jusque-là de force de répression.

Telle est la royauté actuelle. Avec une bonne armée, une bonne et vigoureuse police, un bon système d'administration et de finance, une bonne magistrature, à beaucoup d'égards elle se conduit avec sagesse et habileté ; mais embarrassée d'un système qui se propose, non le repos, mais le mouvement, non la stabilité, mais le progrès, au milieu des difficultés qui se reproduisent sans cesse, je cherche les appuis qui peuvent lui donner de la force. Une chambre des députés continuellement incertaine et flottante, accolée à une chambre des pairs flottante elle-même et affaiblie, sont-ils des auxiliaires suffisants?

Certes, si ces deux corps étaient ce qu'ils devraient être, si leur office réel répondait à leur nature présumée, on pourrait abandonner toute crainte ; mais ces deux corps étant, comme on le dit, et comme cela doit être, une représentation de l'état de la France; si cet état est lui-même tellement disjoint, que rien ne tienne ensemble, l'image ne peut plus être que comme la réalité, la représentation comme la chose représentée.

Lorsque la chambre des pairs, prétendue élite des notabilités, est proposée comme grandeur et supériorité dans un pays qui ne veut absolument ni grandeur, ni supériorité ; lorsque la chambre des députés, au lieu de se former d'un ensemble d'hommes indépendants, exercés d'avance dans les affaires de localités, ne présente généralement que les élus favoris de tourbes gonflées de sentiments d'opposition et de subversion, quelle espérance peut offrir un ensemble ainsi composé? A l'égard de ceux qui ont des offices salariés par le gouvernement, tandis que leur présence à la chambre est un dommage pour les services qu'en cette qualité ils ont à rendre à l'état ; à l'égard de ceux qui ont des offices d'avocats, de notaires, de médecins, d'avoués, même de fermiers, si leur présence est une cause de dommage à leur profession ; pour tous, si le spectacle d'une machine gouvernementale tant de fois ébranlée, et dont la structure apparente n'est pas telle, qu'elle ne puisse offrir aux ambitieux l'espérance d'un ébranlement nouveau, de ce fonds tel que je l'aperçois, j'ai lieu de craindre, tant qu'il se conservera, qu'il ne ressorte, comme par le passé, tantôt sous une forme, tantôt sous une autre, une continuité de trémoussements fâcheux, indice ordinaire de trouble et de subversion (1).

Ces considérations ne sont pas seulement les miennes. Je les vois partagées par la plupart de nos hommes d'état, quand ils ont le temps d'y penser. Bientôt on n'en tient compte. Emporté par le mouvement des

---

(1) Ceci était écrit long-temps avant les derniers événements.

affaires, on consent à s'occuper des effets; on s'endort sur les causes. L'habileté se réfugie alors dans une politique toute d'*expédients*, avec laquelle on cherche à se sauver des dangers du jour, sans souci de ceux du lendemain.

Je n'ai pas trop à m'élever contre cette politique d'expédient; elle suppose du courage et de la capacité. Sous ce rapport, elle mérite mon estime; car lorsqu'est venu le danger, il est bien de commencer par se sauver aujourd'hui, pour être assuré de vivre le jour suivant. Seulement je la trouve insuffisante, et quand je vois qu'on y met toute sa confiance, je la trouve dangereuse.

J'aurai pour la monarchie et pour le pays un commencement d'espérance, lorsque cette politique, qui a envahi le plus grand nombre de nos hommes d'état, brillants et légers, saura se lier à un plan plus vaste. Avec ce plan auquel, pour certaines causes, Bonaparte aurait donné le nom d'idéologie, et auquel, pour d'autres causes, on peut donner, si on veut, le nom d'*utopie*, on s'occuperait, en embrassant le présent, de le dégager de tout notre passé révolutionnaire. Au défaut de la chaîne des temps qui est à jamais brisée, on chercherait à y suppléer par la chaîne des choses; on consoliderait ainsi, en les rattachant entre elles, l'ensemble de nos institutions ; on sauverait par là la France d'un état continu d'agitation, que quelques personnes veulent honorer du nom de progrès, mais avec lequel il ne peut y avoir, dans un état, ni stabilité, ni sûreté. Le monarque lui-même, faisant corps désormais avec la monarchie, serait sauvé de cette individualité funeste, dans laquelle, à la suite de nos révolutions, toute la France avec lui a été forcée de se précipiter.

Dans un écrit dont l'objet spécial a été de repousser les mauvais principes d'un rapport sur l'organisation et l'institution de la pairie, je regrette d'avoir été obligé d'y faire entrer une discussion sur l'état de la France et de son gouvernement; je n'ai pu l'éviter. La pairie n'est pas, comme quelques personnes semblent disposées à le penser, une institution particulière ; elle est liée à tout l'ensemble des institutions; elle fait corps avec la monarchie.

Dans tous les états, et principalement dans un état tel que la France, il est impossible de ne pas distinguer comme premier élément d'importance et de force un ensemble de notabilités, composé de tout ce qui, soit dans les événements, soit dans les diverses parties du service public, a reçu de l'illustration à raison de l'illustration même que leurs services ont donnée au pays.

A cette première puissance, s'en joint une seconde qui, si elle est composée comme elle doit l'être, l'égale en importance. Le territoire étant réparti en propriétés, lesquelles représentent, sous le nom de domaines, autant de petites souverainetés, le reflet de ces souverainetés vers une souveraineté principale, résulte naturellement de l'esprit de conservation qui leur fait sentir le besoin d'une protection.

Du moment qu'avec une réunion des représentants de la propriété, on est parvenu à composer convenablement une réunion des représentants de la notabilité, on sent comment se rapprochent les deux premiers grands corps de l'état; de degré en degré, si on établit ainsi des connexions, d'un côté avec l'administration générale, c'est-à-dire, le gouvernement, d'un autre côté, avec les administrations particulières locales, c'est-à-dire, avec les municipalités; si la magistrature et tout l'ensemble des corps judiciaires, si l'armée et tout l'ensemble de la force publique est amené et enchaîné dans le même mouvement; enfin, si la royauté placée dans cet ensemble, en domine et en lie convenablement toutes les parties, on comprend comment, au lieu d'une charte tracée seulement sur le papier, on aura une véritable constitution; au lieu d'un territoire purement matériel, on aura une véritable patrie; au lieu d'une multitude composée de plusieurs millions d'individus isolés, qui veut s'appeler peuple, on aura un véritable peuple composé de familles qui sont elles-mêmes autant de petits peuples; enfin, on comprend comment, au milieu d'un mélange constitutionnel de liberté et d'autorité, on verra ressortir, planant sur tout cet ensemble, un véritable monarque et une véritable monarchie.

En suivant cet ordre d'idées, la pairie, comme grand corps politique, se présente évidemment en première ligne. Sa première attribution, comme élite des notabilités du pays, est certainement l'illustration; ce premier élément de supériorité peut avoir plus ou moins d'importance. Les anciens croyaient que, dans les dissensions populaires, l'apparition imprévue d'un personnage considérable pouvait les calmer : *Si fortè virum quem conspexére silent.* Cette action de la dignité et de la grandeur a été quelquefois d'une telle force, que la liberté l'a regardée comme un danger. Chez les Grecs, elle a donné lieu à l'ostracisme. Chez un peuple voisin, on a cru devoir prendre anciennement, contre la présence d'un simple lord dans les assemblées populaires, des précautions qui, dans les nouvelles mœurs d'aujourd'hui, pourraient paraître superflues. En France, dans aucun temps, elles n'eussent été proposables.

Cette action de la grandeur et de la dignité est variable, selon les mœurs et diverses constitutions des peuples. Il en est une autre qui ne l'est pas du tout ; c'est celle qui émane de ce besoin d'ordre et de justice qui est senti par toutes les consciences, et qui appelle dans tous les pays une hiérarchie diverse de magistrature.

Dans cette hiérarchie, la pairie se trouve encore en première ligne.

C'est du roi, comme première illustration, qu'est censée émaner toute illustration ; c'est encore du roi, quoiqu'il ne rende pas lui-même la justice, qu'est censée émaner toute justice. La charte de 1830, ainsi que celle de 1814, n'a fait sur ce point que se conformer à nos traditions anciennes.

Sous ce rapport, deux grands intérêts ont commandé deux institutions expresses. Dans l'ordre civil, c'est une cour de cassation qui a pour objet de conserver, dans son intégrité, le texte des lois et les formes de la procédure ; d'un autre côté, c'est une chambre des pairs placée dans l'ordre politique, comme la cour de cassation dans l'ordre civil, à l'effet de maintenir la constitution de l'état contre les attentats, soit en principe, soit en acte, dont elle peut être l'objet.

Comme je n'ai aucun doute sur cet objet essentiel et primordial de la chambre des pairs, je ne puis me dispenser d'accuser la légèreté avec laquelle la commission et son rapporteur ont traité à cet égard de cette grande institution. Il est inconcevable que des personnes considérables, et qui, en général, ont du talent, aient pu se tromper à ce point sur la nature d'un haut sénat. Dans presque toutes les pages du rapport, on s'obstine à regarder les fonctions législatives de la chambre des pairs comme le premier principe de son existence.

Ces personnes n'ont pas mieux compris la nature de notre corps législatif. Il est facile de voir que les trois pouvoirs qui forment l'ensemble du corps législatif ont chacun, en dehors de leurs fonctions législatives, une force particulière indépendante qui leur est propre, et de laquelle émanent leurs fonctions.

En effet, le roi est certainement suprême législateur ; mais ce n'est pas en cette qualité qu'il est roi, c'est au contraire comme roi qu'il est suprême législateur. De même, ce n'est pas parce que la chambre des députés participe au pouvoir législatif, qu'elle dispose des impôts ; c'est parce qu'elle dispose des impôts comme représentant la propriété, qu'elle participe à la législation. Enfin, ce n'est pas parce que la pairie participe au pouvoir législatif, qu'elle exerce une haute puissance judiciaire ; c'est au contraire parce qu'elle est, par sa nature, cour judiciaire, qu'elle fait nécessairement partie du pouvoir législatif.

Dans toutes les positions de ce genre, c'est la puissance acquise qui fait et qui précède le droit. Certes, il n'y avait pas de charte précise qui établît l'action législative des parlements. Au moment où ils eurent acquis la plénitude de la puissance judiciaire, il fut indispensable de les laisser participer à la législation.

Les fonctions législatives de la pairie ont certainement une grande importance. Dans quelques cas pourtant, que deviendraient-elles, si c'était son seul apanage ?

On a assez généralement supposé qu'il devait y avoir en elle une supériorité de sagesse et de modération : qualités indispensables pour tempérer ce qu'il peut y avoir de fougue dans la chambre des députés, chambre éminemment populaire Je conviens que dans des termes ordinaires, cette action modératrice peut être suffisante. En sera-t-il de même dans des temps extraordinaires, dans ces temps où la fougue populaire attisée par les passions politiques aura pris une certaine exaltation ? On sent que c'est alors principalement que la chambre des pairs devra avoir, en outre de la force de sagesse qu'on lui suppose, une force particulière qui se fasse respecter.

Cette force peut se prendre sans doute pour quelque chose, dans le lustre qui lui appartient ; mais chez un peuple nouveau, où toutes les anciennes illustrations sont ternies, et où les autres sont souvent contestées, on sent que ce premier point, encore qu'il soit essentiel, peut ne pas être suffisant. C'est alors que se montre en addition la haute puissance judiciaire. Celle de l'illustration étant énervée, il importe que celle-ci ait la majesté et l'extension nécessaires, à l'effet de montrer à côté du pouvoir royal, armé de l'administration et de la force publique, à côté d'une chambre des députés, renfermant dans son sein la force des impôts et de tout un corps électoral, une consistance de puissance égale aux deux autres puissances.

De ces considérations est sorti le grand principe que j'ai exposé dans mes derniers écrits, et que j'ai établie, il y a près d'un demi-siècle, dans l'assemblée constituante, savoir, qu'il faut être d'abord puissance civile, pour avoir dans une constitution capacité comme pouvoir politique. J'aurais aujourd'hui, en surabondance, des autorités pour prouver que c'est ainsi, et non pas seulement par des chartes, qu'agissent et se composent toute espèce de pouvoirs constitutionnels.

La charte de 1791 pourrait surtout servir d'exemple. On a assez vu quelle valeur avait une pareille charte avec sa chambre unique, privée de l'assistance d'un sénat. On a vu aussi ce qu'avait de force, je ne sais quel *veto* attribué au roi, après qu'on l'avait dépouillé de sa puissance. Avec la différence de supériorité que la chambre des pairs en Angleterre peut avoir à raison de son opulence et de l'illustration que lui ont conservée les traditions anciennes, on peut voir avec quelle peine (privée comme elle est de son ancienne puissance judiciaire affaiblie, et presque tombée en désuétude) elle se démène auprès des mouvements réitérés de la chambre des communes ; laissant l'Europe à prévoir comment, même avec l'approbation secrète du roi, elle pourra résister aux flots tumultueux soulevés sans cesse par le grand agitateur *O'Connel*.

Pour justifier la nécessité de la puissance judiciaire de la pairie, je n'ai parlé que des temps extraordinaires. En examinant un peu sérieusement le temps *ordinaire* d'aujourd'hui, je ne sais si, sous beaucoup de rapports, ce temps ne pourrait pas être réputé lui-même extraordinaire.

Ce n'est pas assez que la multitude de grandes fortunes sorties de nos divers ébranlements révolutionnaires, exalte et enivre d'espérance toute la population des classes inférieures ; quelquefois ceux qui sont parvenus se montrent aussi remuants et aussi inquiets que ceux qui veulent parvenir.

En effet, dans l'état actuel, où le nouvel édifice a été obligé d'admettre dans sa composition les ruines de plus anciens édifices, on peut s'apercevoir que ces ruines qui conservent encore de la vie, s'agitent quelquefois dans les cases qu'on leur a laissées ou qu'on leur a faites. Ce tumulte amène malheureusement quelquefois d'autres tumultes. Un grand nombre de vanités qui, par le mouvement des temps, se sont placées au premier rang, promiscuement avec des débris anciens, s'y sentent ou s'y croient mal à l'aise. Elles demandent avec instance l'éloignement de tout ce qui peut faire sentir un contraste ou des différences qui les désolent.

Il y a, à cet égard, des nuances, et il faut en tenir compte. Un athée, de mœurs douces et tranquilles, peut supporter la vue des tours Notre-Dame; un athée fanatique en demandera la destruction. Un bourgeois débonnaire pourra se contenter d'avoir vu l'ancienne noblesse privée de la plus grande partie de ses avantages; il ne s'en tourmente plus. Un autre se trouvera exaspéré de tout ce qui rappellera le moins du monde d'anciens souvenirs.

Ces démonstrations, dernier héritage de 93, ne se produisent pas seulement dans des journaux; on en voit de temps à autres des éruptions dans la chambre des députés. Je pourrais citer à cet égard bien des exemples.

Si la pairie, comme illustration, en même temps que comme haute puissance judiciaire, est placée au degré d'élévation qui lui appartient, elle ne peut faire beaucoup d'attention à ces faiblesses; elle sent la nécessité d'amortir par tous les moyens ces éléments de discorde. En reconnaissant une France nouvelle, elle reconnaît en même temps la nécessité des connexions qui doivent rattacher celle-ci à tout ce qui reste de la France ancienne; elle met ses soins à consolider cet ensemble, liant les choses avec les choses, les temps avec les temps, et, autant qu'il est possible, les individus avec les individus.

Je pourrais, si je voulais, étendre davantage ce tableau. Le principe de nos difficultés intérieures est dans la désagrégation de tous les membres du corps social que l'esprit infernal de 1789 a mise en dehors de la civilisation, et qui depuis lors, cherchant à rentrer de quelque manière, ne savent se recomposer que dans un esprit de faction. De là, cette tendance uniforme et violente, qui provoque avec des formes diverses, selon les situations diverses, un mouvement continu : mouvement auquel les deux factions légitimiste et libérale attachent diversement les plus vives espérances, tandis que d'autres, soit avec hypocrisie, soit avec bonhomie, lui donnent le nom de perfectionnement et de progrès.

Ce tableau même, s'il était complet, ne

serait pas suffisant; il faudrait y ajouter celui de nos rapports avec les nations qui nous avoisinent. Au temps présent, ce sujet se présente sous une nouvelle face. Nos rapports d'aujourd'hui ne sont plus les mêmes. Autrefois, ils portaient généralement sur quelques droits plus ou moins litigieux, plus ou moins contestés ; quelques extensions de commerce, quelque agrandissement de territoires formaient le domaine de nos anciennes diplomaties. La diplomatie d'aujourd'hui a pris un autre caractère. Partout le corps social en masse est en fermentation ; partout une civilisation nouvelle s'agite pour renverser l'ancienne civilisation ; partout un élan impétueux pousse les classes inférieures vers les sommités sociales ; partout ces classes associées, et se concertant d'un bout de l'Europe à l'autre, appellent sous divers noms un bouleversement qui leur est nécessaire.

Dans les temps ordinaires, quand il ne s'agit que de brigands dévastateurs, ou de quelques voisins ambitieux, les nations ont l'attention de s'armer de citadelles et de soldats; cela leur suffit. Dans une situation toute morale, lorsque, dans notre voisinage, des corps de nations toutes vivantes ont jugé à propos de se constituer en état de cadavre, et qu'un grand nombre d'autres aspirent au bonheur de les imiter, la France, depuis long-temps ébranlée, est encore mal assise; la France, qui porte dans son sein les mêmes éléments de dissolution et de corruption, a à se défendre d'une atmosphère pestilentielle qui l'entoure; elle a, avec plus de dangers, plus de précautions à prendre.

Randane, ce 1er octobre 1836.

Le Comte DE MONTLOSIER.

CLERMONT-FERRAND, IMPRIMERIE DE THIBAUD-LANDRIOT.

Imprimé à **300** exemplaires pour la chambre des pairs.

www.ingramcontent.com/pod-product-compliance
Lightning Source LLC
LaVergne TN
LVHW021733080426
835510LV00010B/1225